www.jgim-verlag.com

Aus der Serie JULIE GEHT INS MUSEUM
1. Auflage, Januar 2020



Konzept und Text: Nora Rath-Hodann
Illustrationen: Johanna Baader
Lektorat: Anne Paulsen
Titel (Kriege gehören ins Museum®): Verwendung mit freundlicher Genehmigung des Heeresgeschichtlichen Museums Wien

Nachweis Bildmaterial:
Seite 2, 15, 21, 28, 32, 37, 47, 80: © Heeresgeschichtliches Museum / Militärhistorisches Institut
Seite 49, 55, 87: © ÖNB Bildarchiv

ISBN 978-3-9504446-8-1

Der Inhalt des Buches spiegelt die persönliche und unabhängige Meinung der Autorin wider. Wir bedanken uns beim Heeresgeschichtlichen Museum / Militärhistorischem Institut für die Unterstützung und inhaltliche Prüfung der Fakten.

HGM
HEERESGESCHICHTLICHES MUSEUM
www.hgm.at

# KRIEGE

## gehören ins Museum

**TEIL 1**

Die Spuren vergangener Jahrhunderte

Text von Nora Rath-Hodann

Illustrationen von Johanna Baader

Aus der Serie JULIE GEHT INS MUSEUM

JGIM Verlag, Wien

Julie und ihre Mama gehen spazieren.

„Mama, wieso heißt der Park eigentlich *Türkenschanzpark*?"
„Nun, vor rund 350 Jahren hatte eine türkische *Armee* die Stadt angegriffen und hier eine Befestigungsanlage gebaut – wir sind nämlich auf einem kleinen Berg, und man konnte damals von hier aus über ganz Wien blicken. Das war die *Zweite Türkenbelagerung* und es herrschte Krieg."
„Mama, kannst du mir etwas über Kriege erzählen?"
„Julie, das ist aber ein schrecklich trauriges Thema!"
„Aber Mama, das Leben ist nicht immer schön. Das muss man auch als Kind lernen."
„Manchmal frage ich mich, wer von uns beiden die Erwachsene ist ... Na gut, wenn du soweit bist, dann bin ich es auch!

Dann gehe ich in der Zeit noch weiter zurück. Denn die großen Kriege der letzten Jahrhunderte waren alle sehr unterschiedlich.

Dazu könnten wir ins Museum gehen. Dort kann ich dir Bilder zeigen und du kannst meinen Beschreibungen besser folgen. Du musst nämlich wissen, dass nur wenige Länder in ihrer Geschichte insgesamt so viele Kriegstage zählen wie Österreich."

*Julie geht gerne ins Museum. Dort erzählt ihre Mama die unglaublichsten Geschichten. Dieses Mal werden es wohl auch traurige sein. Du bist nun eingeladen, Julie bei ihrem Ausflug in die Vergangenheit zu begleiten.*

*Übrigens, wir haben in den Bildern insgesamt sechs dieser Tauben versteckt. Findest du sie alle?*

*Falls du etwas Hilfe bei der Auflösung des Rätsels brauchst – die Lösung findest du auf S. 91.*

# Kapitel 1: Was ist Krieg?

Am nächsten Tag betreten Julie und ihre Mama das Museum. Alle möglichen Waffen, Uniformen und Bilder füllen die Vitrinen und Wände.
„Irgendwie sieht es gar nicht so schaurig aus", denkt Julie. Noch.

„Bevor wir uns die Ausstellungsstücke ansehen, sollte ich dir zuerst erklären, was ein Krieg überhaupt ist. Stell dir vor, es gäbe einen Streit zwischen zwei oder mehreren Ländern oder den Oberhäuptern, die sie regieren. Dann nennt man das einen *Konflikt*. Zum *Krieg* wird dieser erst, wenn man ihn mit Waffen austrägt. Er kann riesige Landstriche verwüsten und bringt unvorstellbares Leid über Soldaten und die gesamte Bevölkerung. Und schließlich bringt er für viele Menschen unweigerlich auch den Tod mit sich.

Weißt du, Julie, über das Thema Krieg zu sprechen, ist wirklich schwierig! Nicht nur, weil die Ursachen dafür oft sehr kompliziert sind, sondern auch, weil man nur sehr ungern darüber nachdenkt, dass Kriege und ihre Folgen viel hervorbrachten, das noch heute unser tägliches Leben prägt. Das können zum Beispiel Sprichwörter Traditionen, Bauwerke, Erfindungen oder Gesetze sein.

Kleine, ich weiß bei Weitem nicht alles über Kriege. Und natürlich habe ich meine persönliche Meinung. Aber vielleicht hilft meine Erzählung, dir in den nächsten Jahren dein eigenes Bild zu machen."

## Kapitel 2: Warum also Krieg?

„Hmm, wo fange ich an?", murmelt Julies Mama nachdenklich.
„Am Anfang natürlich! Bei den Urmenschen."
„Dann werden wir in diesem Monat aber nicht mehr fertig!

Nein, ich denke, ich beginne vor rund 400 Jahren, mit dem *Dreißigjährigen Krieg*."
„Warum gerade da?"
„Ich würde sagen, dass dies einer der ersten wirklich großen Kriege war. Er wütete in weiten Teilen Europas und zahlreiche Herrscherhäuser waren daran beteiligt.

Du musst wissen, zu dieser Zeit gab es noch kein Österreich, kein Deutschland und keine Schweiz, wie wir sie heute kennen. Die deutschsprachigen Gebiete wurden damals *Heiliges Römisches Reich Deutscher Nation* genannt. Es bestand aus zahlreichen kleinen Fürstentümern, Reichsstädten und einem Teil des *Habsburger Reiches*. Die Macht hatte der Kaiser, der dem Haus Habsburg entstammte.

Diese Familie herrschte viele Jahrhunderte über ein riesiges Gebiet, das heute in etwa Österreich, Ungarn, Slowenien, Kroatien, Slowakei, Tschechien sowie Teile Norditaliens, Serbiens, Rumäniens, Belgiens, der Niederlande, Frankreichs und Polens umfasst.

Die Mitglieder der Familie waren katholisch und sehr religiös. Das spielt insofern eine Rolle, als dass dort der Ursprung des Dreißigjährigen Krieges liegt. Hundert Jahre zuvor hatte nämlich ein Mann namens Martin Luther eine neue religiöse Gemeinschaft geschaffen: die *Evangelische Kirche*, deren Anhänger *Protestanten* genannt werden.
Die Begründung dieser Glaubensrichtung wird *Reformation* genannt – das bedeutet so etwas wie Erneuerung. In diesem Fall sollte es eine Erneuerung der christlichen Kirche sein.

Der protestantische Glaube verbreitete sich schnell im Heiligen Römischen Reich, was der katholischen Kirche und dem Kaiser gar nicht recht war."
„Wieso denn?"
„Nun, die Menschen waren damals viel gläubiger als heute. Sie spendeten der katholischen Kirche viel Geld, um sicherzustellen, dass sie nach ihrem Tod ins Paradies

kamen. Dadurch wurde die katholische Kirche sehr reich – und sie wollte, dass es auch so bleibt. Der Kaiser seinerseits befürchtete, Macht und Einfluss zu verlieren.

Die Fürsten des Heiligen Römischen Reiches hatten nämlich das Recht, ihren Untertanen ihren eigenen Glauben aufzuzwingen. Wenn der Herrscher, auf dessen Land man lebte, ein Protestant war, so musste die gesamte Bevölkerung dieses Fürstentums evangelisch sein.

So kam es, wie es kommen musste: Innerhalb des Heiligen Römischen Reiches bildeten sich zwei Lager: die *Protestantische Union* und die *Katholische Liga.*

Die Auseinandersetzungen zwischen den beiden Gruppen nahmen zu, und schließlich passierte etwas, was die meisten Konflikte gemeinsam haben: Ein kleiner Vorfall reichte, um einen Krieg zu beginnen ..."
„Was für ein Vorfall denn?", spitzt Julie nun die Ohren.
„Eine Gruppe protestantischer Adeliger aus dem Gebiet Böhmen (das liegt im heutigen Tschechien) warfen drei Mitarbeiter des Kaisers aus einem Fenster der Burg Hradschin in Prag. Dieses Ereignis nennt man *Prager Fenstersturz.*

Viele Böhmen hassten den Kaiser und hofften, ihr Land von seiner Herrschaft zu befreien und stattdessen einen König zu wählen, der ihnen besser gefiel. Das gelang ihnen zwar, jedoch erklärte ihnen Kaiser Ferdinand II. (der Zweite) daraufhin den Krieg und marschierte mit seinen *Truppen* Richtung Böhmen. Die entscheidende *Schlacht* am Weißen Berg dauerte nur zwei Stunden, kostete aber mehreren Tausend Menschen das Leben.

Der Kaiser rächte sich später ganz fürchterlich für diesen Aufstand: Von den 29 Personen, die für den Prager Fenstersturz verantwortlich waren, wurden 27 zum Tod verurteilt und geköpft. Ihre Häupter wurden zur Abschreckung in Prag auf dem Brückenturm zur Schau gestellt. Zwölf von ihnen steckten dort ganze zehn Jahre!"

„Igitt!“, quiekt Julie angewidert. „Waren die nicht schon längst vergammelt?“
„Pfui, Julie! Aber schön wird der Anblick nicht gewesen sein. Diese Bestrafung beunruhigte wiederum die anderen protestantischen Fürsten. Sie wollten das nicht einfach hinnehmen: Als Erster erklärte der dänische König Christian IV. (der Vierte) dem Kaiser den Krieg. Seine Truppen wurden aber von einem der erfolgreichsten *Feldherrn* des Kaisers, Albrecht von Wallenstein, geschlagen. Später versuchte auch der schwedische König Gustav II. Adolph (der Zweite) sein Glück. Doch er hatte leider Pech: Er fiel ein paar Jahre später in einer Schlacht.

Die protestantischen Fürsten und der Kaiser schlossen daraufhin Frieden. Nun mischte sich das katholische Frankreich ins Kriegsgeschehen ein und schickte seine Truppen in den Kampf. Spätestens zu diesem Zeitpunkt war klar, dass es schon lange nicht mehr allein um die Religion ging: Ziel des französischen Königs war es nämlich, seine Macht und den Landbesitz in Europa auszudehnen. So kämpften nun Katholiken gegen Katholiken, und der Krieg verlängerte sich um weitere 13 Jahre.

Übrigens, die Soldaten trugen damals noch Rüstungen – schau, so wie diese hier." Julies Mama deutet auf ein Ausstellungsstück beim Museumseingang.
„Allerdings mussten sie diese selbst bezahlen. Die Ärmeren, die zu Fuß unterwegs waren, trugen daher kaum einen Schutz am Körper. Sie waren mit *Piken* – fünf Meter langen Holzstielen mit Metallspitzen – bewaffnet ..."
„Damit pikse ich dich dann!", unterbricht Julie lachend, bekommt aber sogleich ein schlechtes Gewissen, weil sie über ein so ernstes Thema scherzt.
„Naja, damit hast du nicht unrecht: Tatsächlich leitet sich das Verb *piksen* daraus ab. Vergiss aber nicht, dass all diese Waffen tatsächlich einmal benutzt wurden!

Eine weitere Waffe war die *Muskete*, ein Gewehr. Die Soldaten, die sie bedienten, nannte man *Musketiere*. Sie mussten stark sein, denn die Waffe war sehr groß und schwer. Man konnte zwar fast 200 Meter damit schießen, allerdings benötigte man drei Minuten und bis zu 40 Handgriffe, um sie nachzuladen!"
„Wer merkt sich denn sowas?", platzt es aus Julie raus.
„Es wurde noch umständlicher: Das Schießpulver in der Waffe wurde mit einer *Lunte* angezündet – einer Art langem Docht. Die Lunte sollte immer glühen, was

allerdings bei Regen nicht funktionierte. So musste man bei Schlechtwetter auf die Gewehre verzichten.
Aus dieser Zeit stammt übrigens das Sprichwort *Die Lunte riechen*. Denn die Zündschnur verbreitete einen beißenden Geruch, den Pferd und Reiter lange zuvor rochen. Heute bedeutet es, dass man eine Gefahr oder Täuschung erkennt.

Diese Piketiere, Musketiere und Reiter waren zum Großteil *Söldner*. Das waren bezahlte Soldaten, die benötigt wurden, um die Zahl der Truppen zu vergrößern. Sie wurden auch *Handwerker des Todes* genannt, weil das Töten ihr Beruf war.

Söldner kämpften nicht aus Treue zu ihrem Fürsten oder für ihren Glauben. Nein, sie zogen für Geld in die Schlacht – und zwar für denjenigen, der ihnen am meisten *Sold* zahlte. Das mag vorerst nicht besonders fair oder ehrenhaft klingen, aber auch ihnen ging es nur darum, in diesen schweren Zeiten zu überleben. Das war allerdings kein leichtes Unterfangen!

In den Schlachten musste man fortwährend den Piken, Schwertern und Kugeln der Musketen ausweichen. Begleitet wurde das Ganze von dem ohrenbetäubenden

Lärm der Geschütze und Feuerwaffen und dem Gestank von Schweiß und Blut der Soldaten. Der Rauch, der durch das Schießpulver verursacht wurde, verschlechterte die Sicht. Dadurch konnte man den Feind kaum von den eigenen Truppen unterscheiden. Es war ein hartes Leben!

So verging Jahr um Jahr. Mit der Zeit fehlte den Herrschern beider Seiten zunehmend das Geld, das nötig war, um ihre Heere mit Waffen, Kleidung und Nahrung zu versorgen. So gaben sie die Gebiete und Städte, die in Schlachten erobert wurden, zur *Plünderung* frei. Die Soldaten durften sich dann einfach nehmen, was ihnen gefiel!"

„Was, einfach so? Was haben sie denn mitgenommen?"

„Was sie tragen konnten: Nahrung, Kleidung, Schuhe, Geld oder Schmuck. Manchmal auch Möbel oder Hausrat – eben alles, was sie verkaufen oder selbst gebrauchen konnten. Je länger der Krieg andauerte, desto mehr verloren die Soldaten ihre Menschlichkeit. Sie quälten und töteten nicht nur ihre Feinde, sondern auch immer öfter die unschuldige Bevölkerung – allein zu ihrer Unterhaltung.

Der Krieg hatte mittlerweile jedes Mitgefühl in den Soldaten sterben lassen.

Was die Truppen nicht schleppen konnten, das wurde zerstört oder verbrannt, sodass es nicht in feindliche Hände fiel. Trotzdem waren die Bewohner von Dörfern und Städten gezwungen, vorbeiziehende Heere zu ernähren. So blieb der Bevölkerung selbst nichts zum Leben übrig.

Zu dieser Zeit gab es eine ausgedehnte Kälteperiode, die *Kleine Eiszeit*. Da machten den Menschen zusätzlich lange kalte Winter, verregnete Sommer und Dürreperioden zu schaffen. Die Ernten fielen schlecht aus und es gab dadurch noch weniger zu essen. Die Bevölkerung lebte in einem Zustand der permanenten Angst, der Gewalt, des Verlustes und des Hungers.

Viele flohen in die Städte, weil diese durch Mauern geschützt waren. Jedoch wurde es auch dort zunehmend enger. Der Essensmangel schwächte die Bewohner, der Abfall türmte sich meterhoch, und die medizinische Versorgung war schlecht. So konnten sich Seuchen und Krankheiten schnell verbreiten. Auch die Pest!

Wurde eine Stadt von einer Armee belagert, mussten bald Hunde, Katzen, Ratten, Schafshäute, Wurzeln, Gras und sogar der Verputz von Häusern als Nahrung für die Bewohner herhalten. Es konnte ja niemand hinein oder hinaus.
Besonders arg traf es die deutsche Stadt Magdeburg: Hier stürmten nach sechs schrecklichen Monaten Belagerung 20 000 Soldaten die Stadt. Es entzündete sich ein Feuer, das zahlreiche Gebäude erfasste, sodass die Einwohner weder Flammen noch Plünderern entkommen konnten", ergänzt Julies Mama mit gesenkter Stimme.

„Um solchen Belagerungen und Plünderungen zu entkommen, schlossen sich manche Menschen den Soldaten an. Es waren Handwerker, Händler, Unterhaltungskünstler, Priester und Ärzte, die mit dem Heer von Schlacht zu Schlacht zogen. Dies hatte auch den Vorteil, dass die Armee durch dieses Gefolge, den *Tross,* größer und stärker erschien, als sie tatsächlich war.
Auch die Familien der Soldaten schlossen sich den Truppen an. Vor allem die Frauen erfüllten wichtige Aufgaben: Sie kochten, wuschen die Wäsche, halfen bei Plünderungen und versorgten die verwundeten

Soldaten – wobei diese nur geringe Überlebenschancen hatten: Es gab keine Betäubungsmittel, die Ärzte waren oft schlecht ausgebildet und operierten die Männer im ärgsten Dreck. Und wenn wir schon von Dreck reden: Die Frauen reinigten auch die Plätze, an denen man auf die Toilette ging."

„Was? Die hatten Klos dabei?"

„Nein, das waren wohl eher Erdlöcher, die da gegraben wurden.

Vor Hunger, Krankheiten und Verletzungen bot allerdings auch der Tross keinen Schutz.

Nach jahrzehntelangen Kämpfen waren alle endlich des Krieges müde. Kaiser Ferdinand II. war tot. Ihm folgte sein Sohn, Ferdinand III. (der Dritte) nach. Obwohl dieser das Schlachten beenden wollte, zogen sich die Friedensverhandlungen über viele Jahre. Insgesamt dauerte der Krieg 30 Jahre ..."

„Deswegen heißt er doch Dreißigjähriger Krieg", unterbricht Julie augenrollend.

„Ja sicher, aber überleg mal: Jemand, der zu Beginn der Auseinandersetzungen geboren wurde, kannte bis zum Erwachsenenalter nichts anderes als Krieg! Das ist einfach eine unvorstellbar lange Zeit.

Die meisten verloren alles, was sie besaßen und beinahe die Hälfte der Bevölkerung Mitteleuropas war gestorben. Manche Landstriche blieben über Jahrzehnte verlassen. Häuser, Dörfer und ganze Städte waren zerstört worden.

Und was brachte das Ganze? Das Heilige Römische Reich Deutscher Nation zersplitterte in 370 Staaten, von denen nun jeder mehr oder weniger selbstbestimmt war. Das freute die Fürsten, denn sie waren mächtiger als zuvor, der Kaiser hingegen hatte nicht mehr viel zu sagen.
Eines ist aber spannend: Bis heute ist die Verteilung zwischen katholischen und protestantischen Regionen in den deutschsprachigen Ländern mehr oder weniger gleich geblieben: Im Norden Deutschlands sind die Menschen eher Protestanten, in Süddeutschland und Österreich mehrheitlich Katholiken. Der Krieg konnte offenbar auch an dieser Spaltung nichts ändern.

Eine Bedrohung von ganz anderer Seite sollte die deutschen Fürstentümer und den Kaiser wieder einen ..."

# Albrecht von Wallenstein und Gottfried zu Pappenheim

*Auf der Seite des Habsburger Kaisers war Albrecht Wenzel Eusebius von Wallenstein eine wichtige Person.*
*Er war Böhme und ursprünglich sogar Protestant, konvertierte jedoch später zum Katholizismus.*
*Vermutlich war es ihm egal, welcher Glaubensrichtung er angehörte – möglicherweise wollte er bloß auf der Seite der Gewinner stehen.*
*Er war vermögend und verdiente viel Geld damit, für den Kaiser Söldner-Truppen aufzustellen.*
*Außerdem war er ein fähiger Heerführer.*

*Zu dieser Zeit kämpfte übrigens General Graf zu Pappenheim unter Wallensteins Oberbefehl.*
*Er besaß den Ruf, mutig und dem Kaiser treu ergeben zu sein. Er muss ein zäher Kerl gewesen sein, denn er erlitt in der Schlacht am Weißen Berg rund 20 Stichverletzungen, an denen er normalerweise gestorben wäre.*

*Pappenheim hatte allerdings das Glück, dass ein totes Pferd auf ihn fiel und ihn vor der Kälte der Nacht schützte. Am nächsten Tag wurde er von einem katholischen Soldaten gefunden und zu einem Arzt gebracht. Pappenheim überlebte also.*

*Ein paar Jahre später kam er seinem Heerführer Wallenstein in letzter Sekunde zu Hilfe: Dieser wurde bei der Stadt Lützen von schwedischen Truppen bedrängt. Fast hätte Pappenheim den Feind geschlagen, doch wurde er tödlich verletzt, und die Schweden konnten letztlich siegen.*

*In der Brusttasche von Pappenheims Uniform wurde später das Befehlsschreiben von Wallenstein gefunden. Diesen Brief, gefärbt vom Blut des getöteten Generals, kann man heute im Heeresgeschichtlichen Museum sehen.*
*So entstand übrigens der Ausspruch „Ich kenne meine Pappenheimer". Das bedeutet,*

*dass man weiß, auf wen man sich in der Not verlassen kann.*

*Dem Kaiser wurde jedoch Wallensteins Einfluss und Macht mit den Jahren zu groß.*
*Da er wusste, wie ehrgeizig der Heerführer war, wollte er sicherstellen, dass Wallenstein nicht irgendwann die Seiten wechselte, und ließ ihn schließlich sogar ermorden!*

## Kapitel 3: Der Goldene Apfel

„Puh, 30 Jahre ... das ist eine sehr lange Zeit! Wie kann man nur so lange gegeneinander kämpfen?", grübelt Julie, während ihre Mama bereits eine neue Geschichte beginnt.
„Manchmal ziehen sich Kriege über Jahrzehnte, manchmal ist es aber so, dass nur ein paar Wochen einen bedeutenden Unterschied machen.

Das war bei der *Zweiten Türkenbelagerung* von Wien der Fall. Bereits seit 150 Jahren hatte es zwischen den Habsburgern und dem *Osmanischen Reich* immer wieder Auseinandersetzungen gegeben. Das Osmanische Reich war riesig und bestand in etwa aus der heutigen Türkei, Syrien, Libanon, Palästina, Israel, Armenien, Griechenland, Albanien, Mazedonien, Teilen von Arabien und Russland. Es hatte auch den Großteil der afrikanischen Nordküste und Gebiete rund um das Rote Meer erobert.

Da erklärte das Oberhaupt der Osmanen, der *Sultan*, dem Habsburger Kaiser in einem Brief den Krieg.

Das Schreiben lautete in etwa: *Wir sind im Begriffe, Dein Ländchen mit Krieg zu überziehen. Vor allem befehlen wir Dir, uns in Deiner Residenzstadt zu empfangen, damit wir Dich köpfen können!"*
„Na, den wird wohl keiner eingeladen haben", ist sich Julie sicher. Da ergänzt ihre Mama lachend: „Es wird noch seltsamer: Ich habe gehört, dass dieser Brief aus irgendeinem Grund nie übersetzt wurde und daher niemandem klar war, dass es überhaupt eine ernstzunehmende Bedrohung gab!

Trotzdem dauerte es noch ganze 20 Jahre, bis sich ein osmanischer *Heerführer*, ein *Großwesir*, auf den Weg machte, um den *Goldenen Apfel* zu erobern. So wurde Wien von den Türken genannt.
Das kommt daher, weil eines der Symbole des Kaisers der Reichsapfel war: eine goldene Weltkugel mit einem Kreuz darauf.

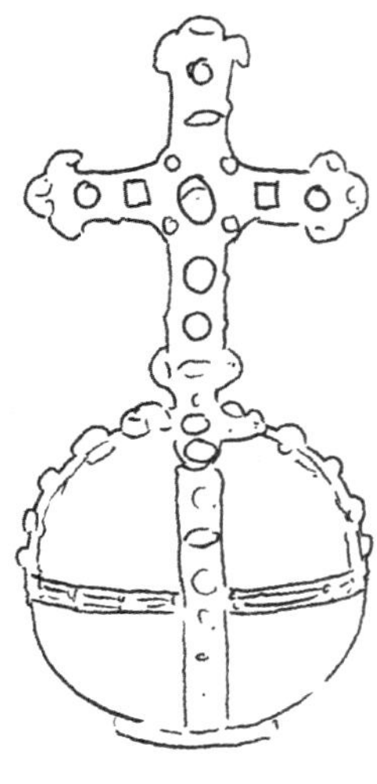

Der Sultan vermutete in der Hauptstadt nicht nur viele Schätze, er wollte auch sein Reich durch weitere Eroberungen vergrößern. Hierzu rückte ein gigantisches Heer von Südosten heran, das auf seinem Weg die heutigen Gebiete von Rumänien, Bulgarien, Serbien, Bosnien-Herzegovina, Kroatien und Ungarn eroberte. Da die osmanischen Truppen sehr gefürchtet waren, hatte der Kaiser bis zuletzt versucht, sich friedlich zu einigen – auch, weil nicht ausreichend kaiserliche Soldaten bereitstanden, um sich zu verteidigen.

Einige Ungarn nahmen es den Habsburgern jedoch sehr übel, dass der Kaiser sie schutzlos dem Feind überlassen hatte und verbündeten sich mit den Türken. Da es nun auf ihrem Weg keinen Widerstand mehr gab, konnten die Osmanen rasch bis ins Umland von Wien vordringen.

Total überrumpelt, musste sich die Stadt in Windeseile auf eine Belagerung vorbereiten: Die zwölf Meter hohe Stadtmauer wurde verstärkt und Löcher ausgebessert, Schanzen und *Palisaden* – das sind Zäune aus schräg nach vorne gerichteten Pfählen – wurden rasch gebaut und 300 Geschütze auf der Stadtmauer platziert. Zuletzt brannten die Wiener sogar Vororte und die Vorstadt nieder, da sie den Türken ohnedies in die Hände gefallen wären. So konnte sich die Angreifer zumindest nirgends verschanzen.

Außerdem musste rasch für Lebensmittelvorräte, Wasser, medizinische Versorgung und Feuerschutz gesorgt werden. Selbst der Bürgermeister der Stadt half bei den Arbeiten mit. Alle taten ihr Möglichstes.

Wien war jedoch zu diesem Zeitpunkt bereits stark geschwächt: Eine Feuersbrunst und die Pest hatten in den Jahren zuvor gewütet. Damals hatte der Kaiser, Leopold I. (der Erste) die Stadt samt der Hofgesellschaft verlassen, um keine Ansteckung zu riskieren. Adel und reiche Bürger folgten ihm. Zurück blieben die Armen – der Großteil der Bevölkerung –, die der Krankheit schutzlos ausgeliefert waren.

Denn damals lebten Reich und Arm tatsächlich in zwei unterschiedlichen Welten: Wenn man dem Kaiser begegnete, musste man sich drei Mal verbeugen und niederknien, beim Essen saß er erhöht auf einem Thron, und es war die größte Ehre, ihm beim Speisen zuzusehen. Das Herrscherpaar unternahm Kutschenfahrten durch die Stadt, nur, um sich bewundern zu lassen.

Dem gegenüber stand die Mehrheit der Bevölkerung, die *von der Hand in den Mund lebte*. Das heißt, die

Menschen wussten nicht, ob sie von einem Tag zum anderen das Geld haben würden, sich Lebensmittel zu kaufen. Viele – insbesondere ehemalige Soldaten, Witwen und Waisen – waren auf Almosen angewiesen.

Angesichts der osmanischen Bedrohung verließ der Kaiser auch dieses Mal die Stadt, und wieder zogen die Reichen nach – insgesamt sollen es 30 000 bis 60 000 Menschen gewesen sein. Einerseits verständlich, dass sich der Kaiser als wichtigste Person des Reiches nicht in Gefahr bringen wollte, andererseits brachte ihm das den Ruf eines Feiglings ein und entmutigte die in der Stadt verbleibende Bevölkerung. Das waren etwa 12 000 Soldaten, unterstützt von rund 5 000 Bürgern. Also eine wirklich kleine Gruppe!

Und auf jeden dieser Wiener kamen mehr als zehn osmanische Kämpfer ..."

„Wie meinst du das?"

„Das bedeutet, dass es zehnmal mehr türkische Angreifer als Wiener Verteidiger gab. Der Großwesir Kara Mustafa war nämlich mit einer Armee von insgesamt etwa 150 000 Mann angerückt, um die Stadt zu unterwerfen. Den Kern seines Heeres bildeten die *Janitscharen* und *Spahis*.

Die Janitscharen waren damals die gefürchtetsten Kämpfer überhaupt. Sie waren als Kinder von – meist christlichen – Feinden geraubt, zum muslimischen Glauben erzogen und zu Berufssoldaten ausgebildet worden. Sie hatten keine Frauen und keine Kinder und konnten sich so ausschließlich auf das Kämpfen konzentrieren. Ihr Mut war legendär, und sie galten sogar als unbesiegbar. Sie trugen zwar viele Waffen bei sich – eine Art großes Messer, ein Handbeil, den Krummsäbel und später sogar Gewehre –, aber keine Rüstung oder Ähnliches. So blieben sie beweglich und schnell.

Die Spahis waren dazu eine ideale Ergänzung: Diese Reiter trugen zwar Helm, *Brustharnisch* und ein kleines rundes Schild, jedoch war die Ausrüstung so leicht, dass das Pferd das Gewicht ohne weiteres tragen konnte. Ihre gefährlichste Waffe war der *Reflexbogen*. Er bestand aus Holz, Leder, Horn und einer Sehne aus dem Oberschenkel eines Pferdes. Um den Bogen zu spannen, benötigte man die Kraft von drei Männern! Unglaublich, aber damit konnten die Spahis bis zu

30 Pfeile in einer Minute schießen – alle zwei Sekunden ein Pfeil!"
„Eins, zwei ..." Julie zählt langsam die Sekunden und führt dabei eine Schussbewegung aus. „Wow, das ist wirklich schnell!"
„Warte, es kommt noch besser: Die Steigbügel ihres Sattels waren besonders breit, sodass die Kämpfer während des Ritts aufstehen und schießen konnten! Ich würde nichts treffen und auch noch sofort vom Pferd fallen", schmunzelt Julies Mama.

„Das osmanische Heer wurde von einem riesigen Tross aus Händlern, Sängern, Musikanten und Zirkusleuten begleitet. Selbst der Harem des Großwesirs – angeblich 1 500 Ehefrauen und Geliebte – folgte ihm."
„Ähm, Mama, du hast 1 500 gesagt ..."
„Ja, Julie, ich weiss. Diese Zahl stimmt auch."
Julie reisst die Augen auf.
„Viele, gell?
Die Osmanen schlugen schließlich ihre 25 000 Zelte vor der Stadt auf. Kara Mustafa hatte damit gerechnet, dass der bloße Anblick seiner Armee die Wiener zur *Kapitulation* bringen würde. Du musst wissen, dass die türkischen Soldaten im Falle einer Eroberung das Recht gehabt hätten, die Stadt drei Tage lang zu plündern.

VIENNA AVSTRIÆ

Der Großwesir war jedoch ein schlauer Mann und wollte alle Reichtümer Wiens für sich und den Sultan alleine. Würden sich die Wiener gleich ergeben, hätten seine Kämpfer keinen Anspruch auf die Beute. Kara Mustafas Plan ging jedoch nicht auf: Die Bewohner entschieden, bis zum letzten Moment Widerstand zu leisten.

Bald begannen die osmanische Soldaten unterirdische Stollen anzulegen. Zum einen konnten sie sich dadurch geschützt der Stadt nähern, zum anderen deponierten sie dort *Minen*, die sie nahe der Stadtmauer sprengten. Diese Arbeit war sehr mühsam und zeitraubend.
Immer wieder gelang es den Stadtbewohnern, kleinere Beschädigungen zu richten.

Als die Wochen vergingen, machte sich auf türkischer Seite Langeweile breit. Einige Soldaten begaben sich auf tagelange Raubzüge. Sie erbeuteten auch große Mengen Wein, den sie tranken, obwohl ihnen das, als gläubige *Muslime*, eigentlich verboten war.
Aber auch die Lebensmittelbeschaffung für das riesige Heer war nicht einfach. Täglich wurden 16 000 Kilo Fleisch und 60 000 Laib Brot benötigt!

Auf der anderen Seite der Stadtmauer erlagen immer mehr Menschen den Seuchen, Hunger und Durst, Bränden, Erschöpfung sowie Verletzungen.

Nach zwei Monaten Belagerung gelang es den Türken schließlich, ein großes Loch in die Stadtmauer zu sprengen. Die Wiener stopften es mit allem, was sie finden konnten: Haustüren, Fensterläden oder Trümmern. Währenddessen ergoss sich ein Schwall aus Feuer, Kanonenkugeln, Bomben, Pfeilen und anderen Geschossen über die Stadt und die Zahl der Verteidiger schrumpfte auf 4 000 Mann. Das Ende schien kurz bevor zu stehen, da konnten die Wiener endlich wieder Mut fassen: Ein verkleideter Bote war unbemerkt durch die *feindlichen Linien* gelangt und überbrachte der Stadt die Nachricht von herannahender Hilfe.
Denn der Kaiser hatte bereits Wochen zuvor Soldaten aus allen Landesteilen zusammengetrommelt und weitere Unterstützung von den Fürsten den Heiligen Römischen Reiches erhalten. Doch aufgrund der langsamen Anreise der Truppen und der Streitigkeiten über deren Oberbefehl verstrich unnötig viel Zeit. Letztlich war es der polnische König Jan Sobieski, der die Führung übernahm und das osmanische Heer in die Flucht schlug.

Es war nur eine Frage von Stunden gewesen, bis die Stadt gefallen wäre!"
„Das ist richtig spannend!"
„Ja, irgendwie schon. Ich bin mir allerdings sicher, dass die Wiener aber lieber auf diese Aufregung verzichtet hätten!

Kara Mustafa, der Heerführer, hatte nicht mit einem Gegenschlag gerechnet, und so ließen die türkischen Soldaten ihre riesige Zeltstadt mit all ihren Vorräten, Waffen, 180 Kanonen und dem persönlichen Schatz des Großwesirs zurück. Sie waren so panisch, dass sie sich bei der Flucht sogar in den umliegenden Wäldern verirrten. Das stelle ich mir blöd vor, wenn man gerade fliehen möchte", scherzt Julies Mama, während Julie drollig im Kreis herumläuft.
„Nun war auch Kara Mustafas Schicksal besiegelt. Der Sultan gab ihm die Schuld für die Niederlage und ließ ihm die *seidene Schnur* überreichen. Das bedeutete das Todesurteil und kostete dem Heerführer den Kopf.
Wien war endlich befreit. Als Jan Sobieski in die Stadt einritt, um sich als Retter feiern zu lassen, stapelten sich dort – wenig prunkvoll – Trümmer, Dreck und Leichen.

In der Hofburg, der Residenz des Kaisers, war jedes Zimmer in Mitleidenschaft gezogen. Wien muss in den folgenden Jahrzehnten eine einzige Baustelle gewesen sein, denn so lange dauerte der Wiederaufbau: Häuser, Kirchen, Denkmäler und Klöster wurden repariert oder in einem neuen Baustil, dem *Barock*, errichtet. Alles sollte noch größer und schöner werden als je zuvor. Der Adel ließ prachtvolle Paläste bauen, die reichen Bürger besiedelten die Vorstadt, und die mittelalterliche Hofburg wurde umgestaltet.

Ja, Kriege zerstören und führen dann zu Erneuerung, in diesem Fall zur Neugestaltung des Stadtbildes. Ob das gut oder schlecht ist, kann man eigentlich nie wissen.

Sicher ist aber, dass Wien heute anders aussehen würde, wenn die Osmanen gesiegt hätten: Es gäbe keine Barockbauten, sondern die Eroberer hätten ihre Spuren in Architektur und Kultur hinterlassen. Wahrscheinlich wäre ein guter Teil der Bevölkerung zum *Islam* konvertiert – und vielleicht wäre heute ganz Mitteleuropa muslimisch, falls die Türken noch weiter nach Norden vorgedrungen wären. Auch hätte es keine Habsburger Herrscher mehr gegeben. Unsere Geschichte wäre also komplett anders verlaufen."

# Prinz Eugen von Savoyen

*François-Eugène de Savoie-Carigan wurde in Paris, der Hauptstadt von Frankreich, geboren. Er gehörte zum europäischen Hochadel, und seine Mutter war eine Vertraute des französischen Königs.*

*Schon als Jugendlicher wollte er sich dem französischen Heer anschließen. Der König erlaubte dies aber nicht – angeblich, weil Eugen zu schmächtig und klein war. Der Prinz gab seinen Traum aber nicht auf und verließ Paris heimlich, um Kaiser Leopold I. (dem Ersten) seine Dienste anzubieten. Dieser nahm ihn auf, weil Eugen einen geschickten und klugen Eindruck machte.*

*Der Prinz konnte sich sogleich behaupten: Er war maßgeblich daran beteiligt, die Osmanen im großen Türkenkrieg immer weiter nach Süden zurückzudrängen und schließlich vollständig aus Europa zu vertreiben.*

*In den Folgejahren war der Heerführer an zahlreichen Kriegen beteiligt und wurde schließlich Oberbefehlshaber der habsburgischen Armee. Insgesamt führte er seine Truppen in 40 Schlachten und verlor keine einzige.*
*Das machte ihn sehr beliebt – nicht nur bei Hofe, sondern auch bei Soldaten und Bediensteten, um deren Wohl er sich stets kümmerte.*

*Er selbst wurde 13 Mal verwundet. Sein Brustpanzer, der heute im Heeresgeschichtlichen Museum in Wien ausgestellt ist, weist einige Dellen auf, die durch Kugeln verursacht wurden. Einige seiner Pferde starben im Kampf, und er hätte fast sein Auge verloren. Als er einmal am Knie verwundet wurde, hatte kein kaiserlicher Arzt den Mut, ihn zu operieren – aus Angst, eine so berühmte Persönlichkeit zu töten. Schließlich erklärte sich ausgerechnet ein Osmane bereit, ihn zu verarzten. Hier zeigte sich die hervorragende medizinische Ausbildung der Türken. Der Arzt verschloss die Wunde zum Beispiel mit den Mundwerkzeugen großer Ameisen statt sie zu nähen.*

*Der Prinz war ein mutiger, aber eitler Mann. Er liebte es, Eindruck zu schinden und zeigte dies durch den Bau prachtvoller Schlösser. Oder er veranstaltete Jagdfeste, bei denen er seine Gäste in die eroberten osmanischen Zelte einlud.*

*Prinz Eugen starb in Wien und hinterließ luxuriöse Schlösser – wie zum Beispiel das Belvedere oder Schloss Hof –, umfangreiche Bücher- und Kunstsammlungen und sogar einen Zoo. Bestattet wurde er in einer Kapelle im Wiener Stephansdom. Ein riesiges Denkmal, das ihn auf seinem Pferd zeigt, steht am Heldenplatz in der Wiener Innenstadt.*

*Er war sicherlich einer der erfolgreichsten Heerführer der Geschichte.*

# Kapitel 4: Über die Grenzen Europas hinaus

„Ich springe nun 50 Jahre weiter, weil ich dir von einer ganz besonderen Herrscherin erzählen möchte."
„Maria Theresia!", ruft Julie aus.
„Psst, nicht so laut – du erschrickst die anderen Museumsbesucher. Ja, das ist richtig. Was weißt du denn schon über sie?"
„Naja, zum Beispiel, dass sie ganz jung Herrscherin wurde, und dass sie 16 Kinder zu Welt brachte und die Schule eingeführt hat."
„Genau! Sie führte die *Unterrichtspflicht* für alle Kinder zwischen sechs und zwölf Jahren ein. Aber sie verbesserte die Ausbildung auch in anderen Bereichen – zum Beispiel beim Militär.

Maria Theresia bestieg den Thron mit nur 23 Jahren. Unmittelbar danach wurde Österreich von mehreren Nachbarländern angegriffen. Viele dachten, dass sie als junge Frau nicht imstande sei, das Habsburger Reich zu führen und zu verteidigen. So entbrannte der *Österreichische Erbfolgekrieg.*

Die Herrscherin schlug sich gut, verlor aber letztendlich die Region Schlesien an den preußischen König Friedrich II. (den Zweiten). Aber das ist nicht die Geschichte, die ich eigentlich erzählen möchte."
„Welche denn?"
„Keine zehn Jahre später folgte der *Siebenjährige Krieg*. Der Auslöser war der Wunsch einzelner Herrscher, ihre Machtbereiche auszuweiten.

Es bildeten sich zwei gegnerische Gruppen: Auf Maria Theresias Seite standen Frankreich – ursprünglich ein jahrhundertealter Feind der Habsburger –, Spanien und Russland. Ihre Gegenspieler waren Großbritannien und Preußen sowie später noch Portugal, das sich gegen Spanien verteidigen wollte.
Zwar bekämpften sich nur europäische Mächte, aber die Schauplätze dieses Konfliktes waren über die gesamte Erdkugel verstreut."
„Wieso das denn? War das denn ein Weltkrieg? Aber nicht der *Erste Weltkrieg*, oder?"
„Nein. Der Siebenjährige Krieg war in gewisser Weise ein Weltkrieg, aber er wird nicht so genannt."
„Jetzt verstehe ich gar nichts mehr!"

„Nun, damals hatten viele dieser Reiche *Kolonien*, die über die ganze Welt verstreut waren. Das waren meist weit entfernte Gebiete, die von den europäischen Herrschern in Besitz genommen worden und ebenfalls an den Kämpfen beteiligt waren.

Großbritannien hatte Kolonien in Nordamerika, West- und Ostindien und einige in Westafrika und Asien. Spanien besaß die Philippinen, Zentralamerika und Südamerika – mit Ausnahme von Brasilien – sowie kleinere Kolonien in der Karibik und in Nord- und Westafrika. Portugal war in Brasilien und ein wenig in Ost- und Westafrika vertreten.

Das Ziel der europäischen Großmächte war, einander jeweils die ertragreichsten Regionen wegzuschnappen. Die Kolonien waren deshalb so interessant, weil sie reich an *Rohstoffen* waren, die in Europa kaum oder gar nicht vorkamen. Das waren zum Beispiel Gold und Diamanten, außerdem Baumwolle, Rohrzucker, Kaffee und Tabak. Es wurden sogar Menschen in andere Erdteile verschifft und als Sklaven verkauft.

Frankreich hatte jedoch zu wenig Geld, um seine Kolonien in Nordamerika, Indien und Westafrika alleine

gegen Großbritannien zu verteidigen. Daher schloss es sich mit Österreich zusammen.
Russland hatte andere Gründe, in den Siebenjährigen Krieg zu ziehen: Es wollte Preußen und andere Gebiete erobern, welche im Westen an das Reich grenzten. Das kam Maria Theresia ganz recht: Ihr Ziel war es unter anderem, Schlesien von den Preußen zurückgewinnen."
„Das klingt alles sehr kompliziert."
„Das war es auch – und irgendwie auch nicht. Im Grunde waren alle nur gierig.

Preußen war in dieser Runde zwar mit Abstand das kleinste Reich, besaß jedoch eine sehr starke und gut ausgebildete Armee. Friedrich II. war als großer Feldherr bekannt und galt lange als unbesiegbar. Doch ohne Geld konnte man selbst mit der besten Armee keinen Krieg gewinnen.
Die Kriege der letzten Jahrzehnte hatten allerdings die Kassen aller Beteiligten bereits geleert. Daher hofften alle, dass sie mit nur wenigen Schlachten den Sieg davontragen konnten. Das misslang jedoch gehörig: Die Kämpfe brachten hohe Verluste. Die Schlacht von Prag zählte damals zu einer der blutigsten: In nur fünf Stunden fielen 27 000 Männer! Ich weiß, es ist schwer, sich solche Zahlen überhaupt vorzustellen!

Leitmeritz
Gitschin
Nachod
Eger
Teltsch
Znaim
Horn
Zwettel
Freystadt
Braunau
Burghausen
Laufen
Salzburg
Hallein
Golling
Radstadt
Gmunden
Steyer
Enns
Ips
Waidhofen
VIENNA
LOWER
W.Neustadt
Maria Zell
Bruck
Pirkfeld
Spital
Glurns
Meran
Bormio
Edolo
Trent
Asiago
Spezia

Österreich war seinem Gegner zumeist unterlegen, jedoch gelang es einmal, Friedrich fast vollends zu besiegen: in der Schlacht bei Kolin (nahe Prag). Dieses Ereignis wurde von Maria Theresia ausgiebig gefeiert. Sie ließ zu diesem Anlass sogar ein kleines Gebäude im Garten ihres Schlosses Schönbrunn bauen: die Gloriette. Denn *gloria* bedeutet Ruhm auf Latein.

Jedoch währte die Freude nur kurz, denn Siege und Niederlagen wechselten einander ab. Die Schlachten fanden üblicherweise auf Feldern statt. Einmal gerieten Preußen und Russen in einen Sumpf, aus dem es für die Truppen kein Vor und kein Zurück mehr gab. Am Ende dieses Tages waren 30 000 Männer tot oder verletzt!"
„Aber wieso ließen die Könige so viele Soldaten sterben?"
„Leider hatten die Herrscher damals eine ganz andere Einstellung: Für sie zählte ein einzelnes Menschenleben wenig.
Die Bewohner eines Reiches erfüllten für sie alle einen bestimmten Zweck: Die Bauern beispielsweise bewirtschafteten das Land und produzierten die Lebensmittel, und die Soldaten dienten eben als Kriegsmaterial.

Alle hatten ihrem jeweiligen Kaiser oder König bedingungslos zu folgen. Das nennt man *Absolutismus*. Denn es gab Nichts und Niemanden, der über dem Herrscher stand – außer Gott.

Nach Jahren des Kampfes und nach unvorstellbar hohen Verlusten waren die Kriegsparteien auf beiden Seiten erschöpft: Die Soldaten waren kraftlos, die Truppen stark geschrumpft, und es gab nicht ausreichend Material und Waffen. Friedrich wäre einmal sogar fast in der Schlacht gefallen, wenn nicht eine Tabakdose in seinem Mantel eine Kugel abgefangen hätte.

Wer weiß, wie lange dieser Krieg noch gedauert hätte, wenn nicht ein Zufall seinen Verlauf beeinflusst hätte: Die russische Herrscherin, *Zarin* Elisabeth I. (die Erste), die sich mit Maria Theresia verbündet hatte, starb ganz unerwartet. Ihr Nachfolger, Peter III. (der Dritte) war ein Bewunderer Friedrichs und hatte kein Interesse an der Fortsetzung der Kämpfe. Damit fehlte Österreich ein wichtiger Verbündeter, und es war bald gezwungen, den Krieg ebenfalls zu beenden.

In Europa brachte der Siebenjährige Krieg kaum Änderungen auf der Landkarte, dafür aber den Tod von rund einer Million Menschen. In den Kolonien wurden jedoch, wie bei einem Brettspiel, riesige Gebiete von einem Reich zum anderen verschoben. Auf die dortige Bevölkerung nahm niemand Rücksicht.

In Frankreich, das viele koloniale Gebiete an Großbritannien verlor, nahm die Geschichte daraufhin ihren eigenen Verlauf."

# Maria Theresia

*Maria Theresia, von Gottes Gnaden Königin von Ungarn und Böhmen, Erzherzogin zu Österreich, war Österreichs einzige weibliche Regentin.*

*Sie folgte ihrem Vater, Karl VI. (dem Sechsten), der allerdings versäumte, seine Tochter auf ihre Aufgabe vorzubereiten. Er hatte zu lange auf einen Sohn gehofft, aber immerhin auch bestimmt, dass nun auch eine Frau den Thron erben konnte.*

*Trotz ihrer mangelnden Kenntnisse erwies sich Maria Theresia schon bald als intelligente und geschickte Regentin. Sie führte zahlreiche Reformen – also Verbesserungen beziehungsweise Neuerungen – durch. Da war zum Beispiel die Einführung der Unterrichtspflicht und der damit verbundene Bau von Schulen sowie die Ausbildung von Lehrern. Die Nummerierung unserer Häuser geht ebenfalls auf sie zurück.*

*Sie ließ ihr Heer besser ausbilden, was ihr im Siebenjährigen Krieg bei der Verteidigung ihres Reiches sicherlich zugutekam. Mit ihrer großen Liebe, ihrem Mann und späteren Kaiser Franz Stephan, bekam sie insgesamt 16 Kinder, und ließ das prachtvolle Schloss Schönbrunn und den dazugehörigen Zoo erbauen.*

# Friedrich der Große

*Friedrich Wilhelm II. (der Zweite) war ein sanftmütiges und schüchternes Kind. Doch sein überaus strenger Vater wollte ihn abhärten. Sobald Friedrich Bücher las, Gedichte schrieb oder ein Instrument spielte, wurde er bestraft.*

*Als junger Mann war Friedrich so verzweifelt, dass er beschloss vom Hofe zu fliehen. Dieser Versuch misslang allerdings. Daraufhin ließ ihn sein Vater in eine Kerkerzelle sperren und den Fluchthelfer und Freund des jungen Mannes hinrichten. Dieses Ereignis verkraftete Friedrich sein Leben lang nicht.*
*Schließlich beugte er sich dem Willen seines Vaters und befolgte dessen Anweisungen.*

*Während seiner Regentschaft bildete Friedrich die vermutlich beste Armee jener Zeit aus. Auch Friedrich gierte nach Ruhm und Macht und wollte die Grenzen seines Reiches erweitern. So eroberte er auch Schlesien, welches bis dahin zum Habsburger Reich gehörte.*

*Obwohl er als Heerführer schonungslos war, blieb er privat ein Dichter und Komponist.*

*Als König setzte Friedrich zahlreiche Reformen um, die auch Maria Theresia als Vorbild dienten.*

*Später wurde er in Deutschland als Friedrich der Große bekannt. Solche Beinamen und Wertungen werden aber meist nur in jenem Land verwendet, aus dem jeweilige Herrscher stammt.*
*Sicher ist aber, dass er Preußen zu einem der damals mächtigsten Länder Europas machte.*

# Die Sklaverei

*Nicht jede Gräueltat wird im Krieg begangen. In den vergangenen Jahrhunderten geschah auch ohne eine vorherige kriegerische Auseinandersetzung viel Unrecht. Ein Beispiel dafür ist der Sklavenhandel.*

*Die Kolonialmächte aus Europa beuteten nämlich nicht nur die Natur anderer Kontinente aus, sondern handelten auch mit Menschen, insbesondere aus Afrika. Von dort aus wurden die Sklaven nach Amerika verschifft.*
*Die beschwerliche Reise dauerte monatelang und an Bord herrschten fürchterliche Bedingungen: Zwischen 300 und 600 Personen wurden unter Deck eingepfercht. Wegen der Enge und der schlechten Ernährung breiteten sich Krankheiten schnell aus, und viele Insassen starben bereits während der Überfahrt.*

*Der verbleibende Rest musste in Nordamerika Baumwolle und Tabak ernten. In der Karibik und in Südamerika wurden sie zum Anbau von Zuckerrohr und Kaffee gebraucht. Dort gab es auch die Diamant- und Goldminen, in denen die Sklaven schufteten.*

*Besonders schlimm ist einer der Gründe, weshalb diese Menschen aus Afrika herangeschafft wurden: Die Europäer hatten im Zuge der Kolonialisierung bereits so viele amerikanische Ureinwohner umgebracht – sei es durch Waffen oder Krankheiten –, dass es für die Arbeit auf den Plantagen nicht ausreichend Arbeitskräfte mehr gab.*

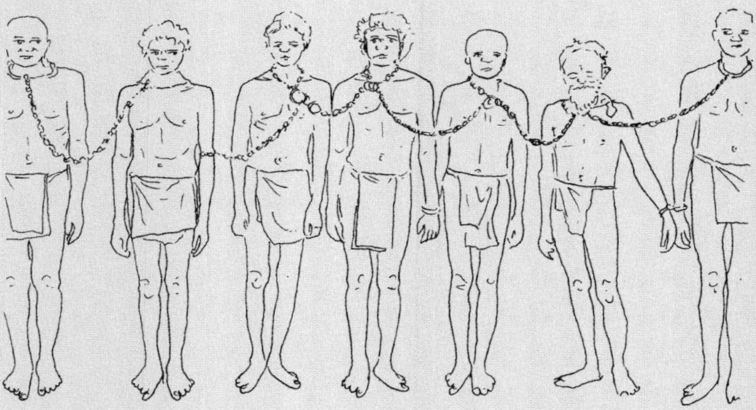

# Kapitel 5: Neuigkeiten aus Frankreich

„Nun möchte ich dir von einem jungen Mann erzählen, der vor über 200 Jahren lebte – zur Zeit der *Französischen Revolution*: Napoleon Bonaparte."
„Von dem habe ich schon einmal ein Bild gesehen. Er hatte eine Uniform mit so einem Hut an. Ähm ... glaube ich zumindest." Julie streckt die Hände über ihrem Kopf auseinander, um die Größe der Kopfbedeckung anzudeuten.
Doch plötzlich zweifelt sie an ihrer Antwort.
„Keine Sorge, du hast recht. Es hat auch einen Grund, weshalb er auf Abbildungen meistens eine Uniform trägt: Er war ein erfolgreicher Feldherr.

Mit 26 Jahren wurde Napoleon damit betraut, französische Truppen anzuführen, die in Italien gegen die Österreicher kämpften. Obwohl er jung und sehr unerfahren war, gewann er diese Schlachten.

Seine Erfolge machten ihn in Frankreich bald berühmt. Aber wie kam es eigentlich, dass die Menschen davon erfuhren? Es gab ja noch kein Fernsehen oder Internet.

# Die Französische Revolution

*Die Ereignisse, die in den nächsten Jahrzehnten in Frankreich folgten, sollten den Lauf der europäischen Geschichte maßgeblich verändern. Alles begann mit einer Revolution, einem gewaltsamen Aufstand des französischen Volkes. Der Auslöser war, dass die Bevölkerung erfahren hatte, wie verschwenderisch ihr König Ludwig XVI. (der Sechzehnte) lebte, während dem Volk kaum etwas zum Leben blieb.*

*Irgendwann war das Maß voll, und die Menschen packte die blanke Wut: Zuerst stürmten sie die Bastille (gesprochen Ba-stij), das größte Gefängnis der Hauptstadt Paris. Später zerrten sie den König aus seinem Schloss und sperrten ihn ein. Im Palast erblickte die Meute den Reichtum ihres Regenten – all die Kristall-Lüster, die Spiegelsäle und die vergoldete Einrichtung. Das muss sie sehr beeindruckt und gleichzeitig noch wütender gemacht haben.*

*Die Aufständischen beschlossen daraufhin, eigene Vertreter zu wählen, die das Land lenken und sich um die Interessen des Volkes kümmern sollten. Dies bereitete wiederum anderen europäischen Herrschern große Sorgen, da sie Angst hatten, ihre Macht ebenfalls durch Revolutionen zu verlieren.*

*Der französische König plante daraufhin ins Ausland zu fliehen. Als die Revolutionäre das herausfanden, warfen sie ihm Verrat am eigenen Land vor. Letztendlich ließen sie ihn köpfen. Das gleiche Schicksal ereilte wenig später auch seine Frau, die eine Tochter Maria Theresias war.*

*Einen König zu töten, war eine unvorstellbare Tat. Sie wurde von einer Gruppe befohlen, die sich Jakobiner nannte.*
*Diese trugen eine Art Tracht, damit man sie gleich erkennen konnte: ganz schlichte Kleidung mit einer geraden Hose und dazu eine rote Zipfelmütze. Vor wenigen Jahren wurde im Heeresgeschichtlichen Museum in Wien übrigens eine solche Mütze zufällig im Depot (Lager) wiedergefunden.*

*Das ist ein echter Schatz, denn es existieren weltweit nur mehr eine Handvoll von ihnen. Die Jakobiner wollten alle Personen töten, die gegen die Revolution waren. Zwar lautete ihr Motto "Freiheit, Gleichheit, Brüderlichkeit", doch so genau nahmen sie es damit nicht. Im Gegenteil: Sie entwickelten sogar ein eigenes Werkzeug, die Guillotine (gesprochen Gü-o-tin), die das Hinrichten ihrer Gegner beschleunigen sollte.*

*Die Ermordung des Königs war ein Anlass dafür, dass Österreich, Preußen, die Niederlande, Großbritannien und Spanien Frankreich den Krieg erklärten. Aber selbst innerhalb des Landes waren die Jakobiner vielen Menschen zu brutal. Daher wurden die Anführer dieser Gruppe schließlich auch hingerichtet.*

Napoleon Bonaparte war ein kluger Mann und betrieb sozusagen Werbung für sich selbst: Er schrieb der französischen Regierung so fesselnde und spannende Schlachten-Berichte, dass diese sogar in den Zeitungen abgedruckt wurden. Für jene Menschen, die nicht lesen konnten – das war die Mehrheit der Bevölkerung –, wurden die Texte in Bildgeschichten umgewandelt. Natürlich übertrieb er die Erfolge der französischen Armee etwas, um sich selbst als Held darzustellen.

In Napoleons Geschichten steckte aber ein wahrer Kern: Er war tatsächlich ein erfolgreicher und siegreicher *General*. Was ihn von anderen Heerführern unterschied, war erstens, dass er die Begabung hatte, die Soldaten zu begeistern. Zweitens wendete Napoleon einen ganz neuen Kampfstil an: Er bezwang seine Gegner durch Schnelligkeit, entschlossenes Handeln und ausgezeichnete Vorbereitung."

Julies Mama sieht ihre Tochter gähnen. „Julie, sag mir, wenn es zu langweilig wird."
„Jetzt!", antwortet Julie knapp.
„Soll ich trotzdem weitererzählen?"
„Ja, nur etwas anderes. Warum erzählst du mir von Napoleon?"

„Okay. Lass uns an die frische Luft gehen. Diese Geschichte kann ich auch draußen erzählen.
Ich möchte dir von zwei Feldzügen Napoleons berichten, die wohl unterschiedlicher kaum sein könnten. Gleich vorweg: Beide waren Niederlagen, hatten aber ganz unterschiedliche Auswirkungen. Während der Vormarsch nach Ägypten die Welt auch bereicherte, zeigte sich in Russland der Krieg von seiner hässlichsten Seite."

Draußen vor dem Museum scheint die Sonne. Es ist Spätsommer, und es ist angenehm warm. Die Luft ist frisch, da es in der Zwischenzeit offenbar geregnet hat.
„Gerade richtig, gell?"
„Ja." Julie ist etwas irritiert. Es scheint, als ob ihre Mama komplett den Faden verloren hätte.
„Ich erwähne das, weil das *Klima* in meinen beiden Geschichten eine große Rolle spielt.

Wie ich dir erklärt habe, kämpften die europäischen Länder auch um Kolonien – das war der Grund, weshalb Napoleon in Ägypten einmarschierte. Er hoffte, den Engländern Gebiete rund um das Mittelmeer streitig zu machen.
Ganz im Geheimen setzten Napoleon und seine Truppen mit dem Schiff nach Nordafrika über. Insgesamt waren

es 40 000 Soldaten, aber auch 167 *Zivilisten* – also Personen, die nicht zur Armee gehören."
„Wieso sind sie mitgekommen?"
„Die Frage ist weniger WIESO, sondern vielmehr WER."
„Mamaaaa! Wieso machst du es immer so geheimnisvoll? So verstehe ich GAR NICHTS!"
„Naja, Geschichten erzählt man auch, um selbst Spaß zu haben", grinst Julies Mama. Schließlich haben sie und ihre Tochter immer Freude daran, gemeinsam ins Museum zu gehen.

„Na gut, ich verrate es dir: Es waren Wissenschaftler und Handwerker. Napoleon hatte sie mitgenommen, um beispielsweise Brücken und Straßen zu bauen oder die Sprache des Landes zu erlernen. Denn damals wussten die Europäer noch nicht viel über Ägypten. Es gab keine brauchbaren Karten, und die Kultur war ihnen fremd. Napoleons Begleiter waren Architekten, Astronomen, Biologen, Komponisten und Buchdrucker. Die Forscher hatten sogar eine eigene Bibliothek und ein Labor mitgebracht. In ihrer Freizeit duften sie alles erkunden – und es gab wirklich viel zu entdecken: die Hauptstadt Kairo mit ihren verwinkelten Gassen und verschleierten Frauen, duftende Gewürze oder stinkende Kamele, die riesigen Tempelanlagen entlang des Nil

und schließlich die großen Pyramiden von Gizeh. Die Wissenschaftler kletterten auf die Anlagen, krochen in jede kleinste Kammer und buddelten im Sand nach antiken Fundstücken.

Man darf aber nicht vergessen, dass Napoleon mit einer Armee ins Land eingefallen war! Zwar besiegten sie das dortige Herrschervolk spielend, Krankheiten und hohe Temperaturen forderten allerdings viele Menschenleben. Bereits den ersten *Marsch* durch die Wüste überlebten einige Soldaten nicht. Sie waren für ein solches Klima nicht ausgerüstet, denn sie trugen Uniformen aus Wolle, hatten aber keine Wasserflaschen bei sich.
Auch brachten die französischen Truppen den alten Gebäuden nicht denselben Respekt entgegen wie die Wissenschaftler: Sie ritzten ihre Namen in Mauern, machten Schießübungen in Tempelanlagen und stahlen, was nicht niet- und nagelfest war. Es gibt die Legende, dass sie sogar der Sphinx – das ist die riesige Statue eines Löwen mit Menschenkopf – ihre Nase wegschossen. Diese Geschichte erwies sich später jedoch als unwahr.
Aber als auf einer Erkundungstour die Tempelanlage von Luxor entdeckt wurde, waren auch die Soldaten fasziniert. Manche schmolzen ihre Gewehrkugeln ein,

um Bleistift-Minen herzustellen oder boten ihren Rücken an, damit die Forscher ihren Block darauf legen konnten. Zu dieser Zeit entstanden Tausende von Zeichnungen. Teilweise begaben sich die Wissenschaftler dafür sogar in Lebensgefahr und arbeiteten bis zur totalen Erschöpfung.

Unter den ägyptischen Fundstücken befand sich ein ganz besonderes Objekt: ein dunkelgrauer Stein von etwa einem Meter Höhe, verziert mit Inschriften in drei Sprachen. Er wird *Stein von Rosetta* genannt, nach seinem Fundort beim Nil. Dieser Stein wurde der Schlüssel zur Entzifferung der *Hieroglyphen*, einer Schriftart, die seit 1 400 Jahren keiner mehr beherrschte. Der Stein von Rosetta ermöglichte den Forschern später,

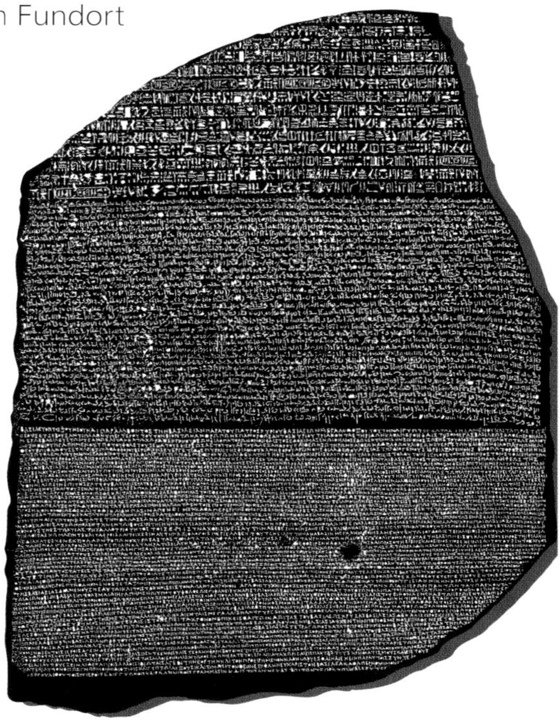

die Texte der Tempelwände zu entziffern und viel über die ägyptischen Götter und Könige zu erfahren.

Heute sind die Fundstücke aus dem Feldzug Napoleons in französischen und britischen Museen ausgestellt, ja sogar in Wien.
Aber letztlich haben die Ägypter und die französischen Soldaten für dieses neue Wissen mit ihrem Blut bezahlt. Für Napoleon lohnte sich die Reise jedenfalls: Obwohl der *Feldzug* nicht erfolgreich war, wurde er bei seiner Heimkehr als Held gefeiert.

In Paris gelang es ihm später, die Macht an sich zu reißen. Als Mitglied einer kleinen Gruppe war er eine von fünf Personen, die von nun an das Land regierten. Frankreich befand sich damals in einem ständigen Kriegszustand, denn das Osmanische Reich und die verbleibenden europäischen Mächte – Großbritannien, Österreich, Russland, Schweden, die deutschen Fürsten – beobachteten mit zunehmender Sorge den wachsenden Einfluss Napoleons. Trotzdem schafften sie es nicht, den Franzosen in der Schlacht zu schlagen. Doch Napoleon wollte sein Reich noch weiter ausdehnen. Es schien ihm nie genug zu sein. Kannst du langsam erahnen, was sein Plan war?"

„Die Weltherrschaft!“, posaunt Julie.
„Ja, das glaube ich tatsächlich!“ Nun schaut das junge Mädchen verdutzt, weil sie eigentlich einen Scherz gemacht hatte.
„Innerhalb von zehn Jahren eroberte Napoleon weite Teile des Kontinents und brachte Spanien, Italien, Belgien, die Schweiz, wesentliche Teile des Heiligen Römischen Reiches, das Herzogtum Warschau (ein Teil des heutigen Polens) und noch mehr Länder unter seine Kontrolle. Schließlich zwang er Franz II. (den Zweiten) sogar, die Kaiserkrone niederzulegen, was gleichzeitig das Ende des Heiligen Römischen Reiches bedeutete. Schließlich blieb nur noch ein Gegner übrig: Russland. Doch Napoleon, der sich mittlerweile zum französischen Kaiser gekrönt hatte, stieß nun an seine Grenzen.

Der zweite Feldzug, von dem ich dir erzählen werde, ist ein perfektes Beispiel für das Grauen und die Sinnlosigkeit des Krieges.
Napoleon beschloss, gegen Osten zu ziehen. Seine Berater versuchten ihn davon abzubringen, denn Russland war ein weites Land und ganz anders als das restliche Europa: Die Entfernungen waren gewaltig, menschliche Siedlungen lagen weit voneinander entfernt, die Wege befanden sich in schlechtem

Zustand, und das Wetter war unberechenbar. Doch Napoleon ignorierte alle Warnungen und marschierte mit einer Armee von 600 000 Mann an die russische Grenze. Sie wurden von 1 200 Kanonen, fast 200 000 Pferden und einem Tross von 50 000 Menschen begleitet.

Mit einem Teil dieses Heers, rund 420 000 Mann, zog er im Mai ins Landesinnere. Die Soldaten marschierten tagelang, ohne den Russen zu begegnen. Aber der Feind hinterließ Spuren: Die Dörfer waren menschenleer, es wurden keine Nahrung oder anderen brauchbaren Güter zurückgelassen.

So hatten die Franzosen von Beginn an zu wenig zu essen. Auch trauten sich die Soldaten nicht, das Wasser aus Brunnen zu trinken, aus Angst, es sei vergiftet. Besonders tragisch war, dass viele Soldaten zu Beginn des Marsches Lebensmittel weggeworfen hatten, um weniger schwer tragen zu müssen.

Im Juni wurden die Truppen abwechselnd von Hitze geplagt und von Unwettern überrascht. Diese verwandelten die Erdstraßen in Schlammflüsse. Die Pferde blieben stecken ebenso wie die Transportwagen. Doch Napoleon trieb sein Heer erbarmungslos voran. Er hoffte, dadurch die gegnerische Armee einzuholen.
So waren nach nur zwei Monaten bereits über 100 000 Soldaten an Hunger, Durst, Durchfall und Erschöpfung gestorben. Viele liefen bereits ohne Schuhe, die Rücken der verbliebenen Pferde waren von den Sätteln wundgescheuert."
„Warum ist Napoleon nicht zurückgegangen?"
„Nun, das hat vermutlich zwei Gründe: Zuerst einmal hätte Napoleon auf diese Art keinen Sieg errungen, was für ihn undenkbar gewesen war. Zum anderen haben wir Menschen eine Eigenschaft, die uns in die Irre führt: Wenn wir erst einmal viel Geld und Mühe in etwas gesteckt haben, dann wollen wir dieses Vorhaben nicht aufgeben. Auch, wenn es hoffnungslos ist. Wir ignorieren, dass wir so nur noch mehr Geld und Zeit verlieren.

So erging es auch dem französischen Kaiser. Er weigerte sich, umzukehren – was viele Menschenleben kostete."
„Das ist ja schrecklich!"

„Ja, und leider wurde es noch schlimmer. Dieser Feldzug ist nicht umsonst dafür bekannt, einer der fürchterlichsten der Geschichte gewesen zu sein!

Die Russen hatten in Napoleons Marschrichtung alle Lebensmittel mitgenommen oder verbrannt, die Straßen blockiert und Brücken zerstört. Sie mähten sogar das Weideland, damit nicht einmal Gras zum Essen übrig blieb.
In der französischen Armee war bereits eine riesige Anzahl an Pferden und Ochsen verendet, und ein Teil der Wagen mit Waffen und Ausrüstung musste zurückgelassen werden.

Es wurde September, und Napoleon war bereits so weit vorgedrungen, dass er nur mehr wenige Kilometer vor Moskau, der Hauptstadt des russischen Reiches, stand. Zu diesem Zeitpunkt waren bereits zwei Drittel der Soldaten verwundet, gestorben oder weggelaufen. Das bedeutet, dass es überhaupt nur einer von drei Soldaten bis nach Moskau geschafft hatte.

Vor der Stadt kam es erstmals zu einer Schlacht. Die russische Armee hatte gut daran getan, abzuwarten. Sie bestand nämlich zu einem Großteil aus Bauern, die schlecht ausgerüstet und ausgebildet waren. Sie hätten den modernen französischen Truppen kaum etwas entgegenzusetzen gehabt. Nun hatten beide Heere ungefähr die gleiche Größe, und Napoleons Männer waren geschwächt. Trotzdem trugen sie den Sieg davon und marschierten in die Hauptstadt ein.

Moskau war damals – mit ihren Palästen, ausgedehnten Parkanlagen, goldenen Kuppeln, breiten Straßen, vielen Kirchen und gepflegten Häusern – eine der schönsten Städte der Welt.

Napoleon erwartete, dass seine Gegner sich nach der Schlacht ergeben würden, doch es kam anders: Nur einige Tage nach ihrer Ankunft legten die Einheimischen nachts mehrere Feuer. Unterkünfte und verbleibende Lebensmittel gingen in Flammen auf. Fast wäre sogar der prachtvolle Palast des Zaren, der Kreml, vollständig zerstört worden. Die Russen waren bereit, alles zu opfern, um Napoleon zu besiegen. Fünf von sechs französischen Soldaten waren da bereits tot.

Mitte Oktober befahl Napoleon schließlich den Rückzug, da er keine Chance sah, den Winter in der Hauptstadt zu überstehen. Seine Soldaten nutzten diese Gelegenheit, um die verbleibenden Häuser Moskaus zu plündern. Lebensmittel, Schmuck, kleine Möbel, Gemälde, schöne Kleider und Pelzmäntel – alles wurde eingepackt.

Doch bald wurde das Heer von ersten Schneeschauern überrascht. Wieder drängte der Kaiser zu mehr Geschwindigkeit, doch der Transport der Beute verlangsamte das Marschtempo der Armee erheblich. Napoleon war außerdem gezwungen, denselben Weg einzuschlagen wie zuvor auf dem Hinweg."
„Aber da hatten sie ja schon nichts zu essen gehabt, oder?"

„Genau das war das Problem. Sie mussten nochmals das bereits leere Gebiet durchqueren. Zusätzlich schickten ihnen die Russen ihre berittenen Krieger nach, die Kosaken.

Auf der Flucht hatten die Franzosen längst all die Beute weggeworfen, die sie nicht am Körper tragen konnten. Hier begann der grauenhafteste Teil des Feldzuges."
„Wie bitte? Es wird noch schlimmer?"
„Ja, leider. Denn Anfang November wurde es bereits minus 20 Grad kalt! Ich habe nur ein paar Mal solche Temperaturen erlebt und es kaum eine Minute ausgehalten, keine Handschuhe zu tragen. Jetzt ist wohl der Zeitpunkt, an dem ich erwähnen sollte, dass Napoleons Soldaten keine Winterkleidung besaßen – keine Handschuhe, Mützen oder Mäntel!"
Julie reißt Mund und Augen auf.

„Sie zogen die Pelzmäntel, Damenkleider oder Morgenmäntel an, die sie erbeutet hatten – ja, sogar die Sachen ihrer verstorbenen Kameraden. Abgesehen von der Kälte quälte sie nach wie vor der Hunger: Die Soldaten aßen alle Tiere, die sie finden konnten oder kauten an Leder, um zumindest das Gefühl zu haben, etwas zu essen.

Anfang Dezember war es noch kälter geworden. Die Temperatur lag bei minus 30 Grad. Der kleine Rest, der von der enormen Armee geblieben war, stapfte durch Schnee, der ihnen bis zu den Knien ging. Tiere wurden nicht mehr verzehrt, da sie bei der Kälte so schnell gefroren, dass sie nicht mehr zerteilt werden konnten. Es gab nun endgültig nichts mehr zu essen. Die Männer hatten Erfrierungen, manche starben vor Erschöpfung und Kälte während sie gingen. Es herrschte völlige Stille, der einzige Gedanke galt nur mehr dem eigenen Überleben. Das Leid dieser Menschen übersteigt all meine Vorstellungskraft."

„Und Napoleon?"

„Der hatte zwar auch einige Beschwerden, aber es erging ihm viel besser als dem Rest der Armee. Seine Leibwächter sorgten dafür, dass er immer genug zu essen, einen geschützten Schlafplatz – mit Feldbett und Teppich – und warme Kleidung bekam. Er wurde von seinen Truppen abgeschirmt und musste das Grauen nicht hautnah miterleben.

Krieg ist brutal und schrecklich, doch trifft er Offiziere und Generäle niemals so hart wie einfache Soldaten. Die Entscheider müssen nur selten die vollen Konsequenzen ihres Handels tragen.

Napoleon erlebte das Ende des Feldzuges nicht, denn er reiste heimlich mit einem Schlitten ab und überließ seine Armee in Russland ihrem Schicksal.

Nur 10 000 Menschen kehrten aus Russland zurück. Von den 400 000, die losmarschierten, starben so gut wie alle. Allerdings gab es auf russischer Seite mindestens ebenso viele Tote zu verzeichnen. Man schätzt, dass diesem Feldzug, der kaum mehr als ein halbes Jahr andauerte, fast eine Million Menschen zum Opfer fielen. Das entspricht etwa der Hälfte der Bewohner Wiens!"

Als Julie mit ihrer Mama ins Museum zurückkehrt, sieht sie sich um. Sie stellt sich vor, dass die Hälfte der Personen im Raum tot wären. Und doch ist es für sie immer noch nicht begreifbar.
„Wirklich jeder Zweite?" Julies Mama nickt.

„Napoleon gestand diese Niederlage natürlich nicht ein, sondern schob die Schuld auf das Wetter. Trotzdem – Europas Herrscher hatten nun den Beweis, dass er nicht unbesiegbar war. Sie rüsteten zum Kampf. Für den französischen Kaiser war es der Anfang vom Ende.
In einer riesigen Schlacht bei Leipzig stand Napoleon ein Jahr später allen Großmächten gegenüber: den Armeen

Österreichs, Preußens, Russlands und Schwedens, unterstützt von Großbritannien. Diesmal verlor er den Kampf.

Napoleon führte insgesamt mehr als zwei Jahrzehnte lang Krieg. Die Macht, die er dadurch erlangte, veränderte ihn, und letztendlich überschätzte er sich.

Übrigens wird sich diese Geschichte etwa 120 Jahre später in ähnlicher Weise wiederholen. Da war es ein Mann namens Adolf Hitler. Aber von dem erzähle ich dir ein anderes Mal."

# Napoleon Bonaparte

*Napoleon Buonaparte, wie sein Geburtsname lautete, stammte von der kleinen Insel Korsika im Mittelmeer. Er ging seit seinem zehnten Lebensjahr auf eine Militärschule und erlebte dort eine unglückliche Zeit: Die Schüler wurden sehr streng erzogen, geschlagen und hatten keine Zimmer, sondern wurden nachts in winzige unbeheizte Zellen gesperrt. Dort erhielt er aber auch Unterricht in Mathematik, Fechten und Französisch. Seine freie Zeit nutzte er zum Lesen.*

*Mit 17 Jahren trat er der Armee bei und stand zuerst im Dienste der Jakobiner. Als diese die Macht verloren, wurde Napoleon kurz ins Gefängnis gesteckt. Jedoch befand sich Frankreich damals im Krieg und alle*

*verbliebenen Offiziere wurden zur Verteidigung des Landes benötigt. So wurde der junge Mann wieder freigelassen. Das war der Beginn einer beeindruckenden Karriere.*

*Trotz der Tatsache, dass Napoleon ein nur mittelmäßiger Soldat, schlechter Schütze und ebenso schlechter Reiter war, machten ihn seine Intelligenz, sein ausgezeichnetes Gedächtnis und sein Ehrgeiz zu einem erfolgreichen General. Aufgrund seiner zahlreichen Siege wurde er zu einer von den Franzosen äußerst verehrten Persönlichkeit, denn er brachte dem Land großen Ruhm ein. Seine Erfolge stiegen ihm bald zu Kopf. Er hielt sich selbst für unbesiegbar und vom Schicksal auserwählt, eine bedeutende Rolle in der Geschichte zu spielen. Güte, Treue oder Aufrichtigkeit zählten nicht zu seinen Charakterzügen, vielmehr war ihm jedes Mittel recht, Macht zu erlangen und zu erhalten.*

*Tatsächlich wurde er zwei Jahrzehnte lang in keiner Schlacht besiegt. So baute er sich ein ausgedehntes*

*Reich auf. Dort brachte er auch Gutes: Er ließ Straßen, Kanäle und Häfen bauen, renovierte Gebäude und schaffte Arbeitsplätze – kurz, er modernisierte große Teile Westeuropas. Er ließ ein Gesetzbuch mit den Grundrechten der Menschen verfassen, das in Frankreich bis heute in Teilen Gültigkeit besitzt.*

*Letztendlich war er aber ein Diktator – eine Person mit uneingeschränkter Macht, die notfalls mit Gewalt erlangt wird. Nur zwölf Jahre nachdem der französische König Ludwig XVI. (der Sechzehnte) abgesetzt worden war, krönte sich Napoleon selbst zum Kaiser – als erster Nicht-Adeliger der Geschichte.*
*Entsprechend ließ er sich an diesem Tag feiern: Um mehr Platz für die Festlichkeiten zu schaffen, ließ er am Vorplatz der Kirche Notre Dame Häuser niederreißen. Die Straßen wurden neu gepflastert und Tribünen für 12 000 Gäste aufgestellt. Insgesamt kamen 800 000 Schaulustige aus allen Teilen des Landes nach Paris, um die Hochzeit mitzuverfolgen.*

Napoleon war zu diesem Zeitpunkt noch mit seiner ersten Frau, Joséphine, verheiratet. Da die beiden aber keine gemeinsamen Kinder hatten, ließ er sich scheiden und nahm die Tochter des österreichischen Kaisers, die 18-jährige Marie Louise, zur Frau. Tatsächlich schenkte sie Napoleon nach knapp einem Jahr Ehe einen Sohn, Napoleon Franz, und somit den von ihm ersehnten Thronfolger.

Napoleon war zwar Kaiser, doch merkte man ihm seine einfache Herkunft immer noch an.
Seine Haltung, seine Manieren und auch sein Erscheinungsbild verrieten es. Er besaß ein von zahlreichen Kämpfen vernarbtes Gesicht und sah oft ungepflegt aus. Den meisten Menschen ist bekannt, dass er für heutige Verhältnisse klein war. Mit seiner geringen Körpergröße von 1,68 Metern verbreitete er jedoch an seinem Hof Angst und Schrecken. Er hatte Zornesausbrüche, war launenhaft, gewalttätig und laut.
Im Laufe der Jahre entwickelte er immer mehr seltsame Gewohnheiten: Selbst im Sommer ließ er Kaminfeuer anheizen, mochte weder offene Türen

BONAPARTE

*noch starke Gerüche, und seine Möbel mussten immer gleich angeordnet werden, egal in welchem seiner Schlösser er sich gerade aufhielt.*

*Napoleon war einer der mächtigsten Herrscher aller Zeiten und brachte West- und Mitteleuropa unter seine Kontrolle, weshalb sich alle verbliebenen Herrscher gegen ihn verbündeten. Nach wiederholten Misserfolgen, gelang es ihnen nach vielen Jahren schließlich, den General zu besiegen.*
*Napoleon erlitt eine fürchterliche Niederlage. Plötzlich kämpfte er nicht mehr für Ruhm und Macht, sondern darum, Herrscher zu bleiben. Denn er wusste, dass seine Stellung alleine dadurch gesichert war, weil er erfolgreich und gefürchtet war.*

*Letztlich stellte sich auch das französische Volk gegen ihn. Der Kaiser musste abdanken und wurde auf die Insel Elba verbannt. Nachdem er es ein Mal schaffte, von dort zu entkommen, wurde er bei der Stadt Waterloo endgültig besiegt und auf die einsame Insel St. Helena gebracht. Von dort gab es kein Entkommen mehr, und Napoleon verstarb dort 51-jährig, vermutlich an Magenkrebs.*

# Metternich und der Biedermeier

Nach der Verbannung Napoleons auf die Insel Elba fand der Wiener Kongress statt. Es war eine große Versammlung von Vertretern aller großen europäischen Herrscherhäuser.
Sie hatte das Ziel, den Frieden wieder herzustellen. Geleitet wurde der Kongress vom österreichischen Staatskanzler Fürst Klemens Wenzel Metternich – neben dem Kaiser der mächtigste Mann des Landes.

Er sorgte auch dafür, dass sich alle Gäste in der österreichischen Hauptstadt wohl fühlten und veranstaltete deshalb eine unglaubliche Anzahl an Festen und Bällen.

*Das trug jedoch dazu bei, dass sich die Friedensverhandlungen in die Länge zogen. Der Aufwand lohnte sich aber, denn in den folgenden 30 Jahren würde zwischen diesen Ländern Ruhe herrschen.*

*Die 200 Anwesenden waren sich einig, dass letztendlich die Französische Revolution an allen Konflikten schuld war, weshalb sie weitere Aufstände unbedingt verhindern wollten.*

*Der Wunsch der Bevölkerung nach Mitbestimmung wurde bei all diesen Überlegungen nicht berücksichtigt. Metternichs Ziel war sogar, dass sich die Menschen überhaupt nicht mehr mit Politik befassten. Personen, die in Österreich ihre Meinung öffentlich äußerten, ließ er verhaften. Texte und Bilder in Zeitungen, Büchern, Theaterstücken, selbst auf Grabsteinen wurden streng kontrolliert.*

*So blieb der Bevölkerung im Grunde nichts anderes übrig, als sich ins Privatleben zurückzuziehen. Diese Zeit wird Biedermeier genannt und leitet sich von dem Wort "bieder" ab. Während sich das Bürgertum bei Hausmusik, im Theater oder im Kaffeehaus vergnügte, sah für den Großteil der Bevölkerung der Alltag ganz anders aus: Die Menschen waren arm und arbeiteten bis zu 100 Stunden in der Woche (zum Vergleich: heute arbeiten wir meist 40 Stunden).*

*Da Metternich das Volk so unterdrückte, wurde es immer unzufriedener. So kam es schließlich auch in Österreich zu einer Revolution, und der Kanzler wurde aus der Hauptstadt vertrieben.*

# Kapitel 6: Spuren des Krieges

„So, jetzt bin ich schon ganz heiser!“, unterbricht Julies Mama unvermittelt. „Diese Geschichte muss für heute genügen.“
„Waaas?“, protestiert Julie.
„Ich bin müde und hungrig. Aber jetzt kannst DU mir ja einmal etwas erzählen. Was ist dir denn so in Erinnerung geblieben?“
„Dass Krieg immer ganz schrecklich ist! Es sterben immer viele Menschen und vor allem den Soldaten und der Bevölkerung geht es dann schlecht. Dabei können die gar nichts dafür! Aber ich glaube, dass Krieg damals irgendwie normal war.“
„Das ist absolut richtig. Damals wurde gekämpft, wenn man ein Problem nicht anders lösen konnte oder wollte.

Was glaubst du denn, weshalb ich dir gerade von diesen Kriegen erzählt habe?“
„Weil sie alle irgendwie besonders sind?“
„Und warum könnte das so sein?“
„Lass mich überlegen ... Du hast mit dem Krieg angefangen, der 30 Jahre dauerte.

Da ging es zuerst um Religion. Ich finde, jeder sollte glauben dürfen, was er möchte. Das ist eigentlich kein Grund, einen Krieg zu führen. Aber du hast auch gesagt, dass es den Herrschern eigentlich gar nicht nur um den Glauben ging. Sie wollten keine Macht verlieren, oder?"
„Ja, so würde ich das auch sehen. Erzähl weiter."
„Ach ja, du hast noch gesagt, dass die Soldaten gar kein Mitleid mehr mit anderen Leuten hatten. Das heißt, der Krieg macht die Menschen auch irgendwie kaputt." Julies Mama nickt und deutet ihrer Tochter, die Erzählung fortzusetzen.

„Dann kam der Teil mit den Türken – eigentlich mit den Osmanen. Daher kommt jedenfalls der Name vom Türkenschanzpark. Die Osmanen belagerten Wien, aber die Stadt wurde nicht erobert. Sonst wäre unsere Geschichte ganz anders verlaufen. Die Stadt würde ganz anders aussehen, und wir hätten eine andere Kultur.

Danach kam der Krieg mit Maria Theresia – wie hieß der noch?"
„Siebenjähriger Krieg."
„Genau. Da ging es um die Kolonien. Damals nahmen sich die europäischen Länder von Afrika und Amerika einfach, was sie wollten – auch Menschen, die sie dann

als Sklaven verkauften. Ich finde es gemein, dass sie dann auch noch Krieg führten, weil sie sich um diese Gebiete stritten!

Zuletzt hast du von Napoleon erzählt. Aber davor kam noch die Französische Revolution. Das war eigentlich auch so etwas wie ein Krieg, oder?"
„Ja, es war eine Form von Krieg, der innerhalb Frankreichs stattfand."
„Und dann kam Napoleon. Der hat irgendwie die ganze Zeit Krieg geführt, damit die Leute Angst vor ihm hatten und er Herrscher bleiben konnte."
„Richtig."
„Als er jung war, ist er mit einer Armee in Ägypten gewesen. Da starben viele Soldaten, aber dieser Krieg hatte irgendwie auch etwas Gutes, weil die Wissenschafter auch da waren und die dort so viel gelernt haben. Und weil der Stein von Rosetta gefunden wurde! Das muss alles so aufregend gewesen sein.

Ein paar Jahre später ist Napoleon aber nach Russland marschiert. Und dort sind fast alle gestorben!
Ich glaube, eine Million. Bei dieser Geschichte habe ich am meisten gemerkt, wie schlimm das sein muss."

„Soll ich dir verraten, weshalb es wichtig ist, etwas über vergangene Kriege zu wissen?“
„Warum denn?“
„Zum einen, weil man mehr über die eigene Kultur und Geschichte erfährt. Tatsächlich findet man hier in Wien noch viele Spuren aus der Vergangenheit – zum Beispiel von der Türkenbelagerung: In einigen Häusern sind echte Kanonenkugeln eingemauert. Es gibt einige Denkmäler und Erinnerungstafeln, sogar der angebliche Zeltplatz von Kara Mustafa ist gekennzeichnet.
Im Heeresgeschichtlichen Museum in Wien steht ein ähnliches Zelt, gemeinsam mit anderen Erinnerungsstücken, die die Osmanen damals bei ihrer Flucht zurückließen.

Bekannt sind auch die vielen Kanonenkugeln, die im Stephansdom zu sehen sind – die Kirche wurde nämlich bei den Angriffen tausend Male getroffen! Aber das ist nicht das einzige Erinnerungsstück: Die riesige Pummerin, die Glocke des Doms, wurde später aus 180 zurückgelassenen türkischen Kanonen gegossen.

Aber man findet weltweit ganz unterschiedliche Arten von Kriegsspuren: Beispielsweise in Kanada. Obwohl Frankreich dieses Gebiet im Siebenjährigen Krieg

an Großbritannien verloren hatte, spricht man in der größten Provinz, im Quebec, heute noch Französisch.

Kriege hinterlassen ganz viele Spuren – und die halten sehr, sehr lange an. Die Menschen, die einen solchen Konflikt erleben, tragen diese furchtbaren Erlebnisse ihr Leben lang mit sich. Im Dreißigjährigen Krieg hatte eine ganze Generation fast nur Krieg gekannt. Erinnerst du dich?

In erster Linie ist es aber wichtig zu wissen, wie Kriege überhaupt entstehen. Solche Konflikte haben fast immer mit dem Machtstreben von wenigen Personen zu tun. Auf solche Menschen sollte man achten – beziehungsweise ihr. Denn wenn du und andere Kinder in deinem Alter erwachsen sind, dann ist es eure Aufgabe, dafür zu sorgen, dass es nicht zu solchen Auseinandersetzungen kommt. Vergiss niemals, wie gut wir es haben!"
„Und die Waffen im Museum wurden tatsächlich verwendet!", fällt Julie gerade ein. „Das darf man auch nicht vergessen."
„Ja, Kleine. Deshalb gibt es überhaupt Museen. Sie helfen uns, die Dinge und ihre Geschichte zu verstehen."
„Aber du erzählst mir ein anderes Mal weiter, oder? Wir waren ja noch nicht bei den Weltkriegen."
„Jaja."

Als ihre Tochter sie starr und unbeeindruckt anblickt, versteht Julies Mama: Eine Fortsetzung der Geschichte wird es bald geben müssen.

# Die Friedenstaube

*Die Taube ist ein uraltes Symbol und wird seit Jahrtausenden in unterschiedlichen Religionen verwendet.*

*In unserer Abbildung trägt das Tier einen Olivenzweig im Schnabel. Dieses Bild stammt aus der Bibel: Als Noah eine Taube auslässt, kehrt diese mit dem Zweig zurück. Damit wurde der Vogel zum Symbol froher Botschaften und – in diesem Fall – des Friedens zwischen Gott und den Menschen.*

*Heute versteht man das Symbol der Friedenstaube auf der ganzen Welt.*

# Zeittafel

*1618 Beginn Dreißigjähriger Krieg (Prager Fenstersturz)*
*1648 Ende Dreißigjähriger Krieg*
*1683 Zweite Türkenbelagerung von Wien*
*1740 Thronbesteigung Maria Theresias*
*1756 Beginn Siebenjähriger Krieg*
*1763 Ende Siebenjähriger Krieg*
*1789 Französische Revolution*
*1798 Napoleon führt seine Truppen nach Ägypten (Rückkehr 1801)*
*1804 Napoleon krönt sich zum Kaiser Frankreichs*
*1806 Ende Heiliges Römisches Reich Deutscher Nation (bestand etwa 700 Jahre)*
*1812 Napoleon führt den Feldzug nach Russland an*
*1814 Beginn Wiener Kongress (bis 1815)*
*1815 Napoleons letzte Schlacht (bei Waterloo)*
*1821 Napoleons Tod*
*1848 Revolution in Österreich (Vertreibung Metternichs)*

Lösung Bildrätsel
Auf folgenden Seiten kannst du eine Taube in den Zeichnungen entdecken:
10, 17, 31, 42, 59 und 68.

# Kreuzworträtsel

*Frage 1:* *Welches Ereignis löste den Dreißigjährigen Krieg aus? (Prager ...)*

*Frage 2:* *Wie hieß das große schwere Gewehr, das zur Zeit des Dreißigjährigen Krieges genutzt wurde?*

*Frage 3:* *Wie nennt man die Gruppe von Menschen, die sich im Kriegsfall einem Heer anschließt?*

*Frage 4:* *Wie wurde Wien von den Türken genannt? (Goldener ...)*

*Frage 5:* *Wie heißt das Gebäude, das Maria Theresia anlässlich eines Sieges über Friedrich II. erbauen ließ?*

*Frage 6:* *Wie wird der Aufstand des französischen Volkes gegen seinen König genannt? (Französische ...)*

*Frage 7:* *Welches Fundstück aus Ägypten half später bei der Entzifferung der Hieroglyphen? (Stein von ...)*

*Frage 8:* *In welchem Land fand Napoleons Feldzug statt, bei dem nahezu alle seinen Soldaten ihr Leben ließen?*

Lösung Kreuzworträtsel

1. Fenstersturz (Seite 9), 2. Muskete (Seite 12), 3. Tross (Seite 16), 4. Apfel (Seite 24),
5. Gloriette (Seite 43), 6. Revolution (Seite 53), 7. Rosetta (Seite 61), 8. Russland (Seite 64)

# Deine Notizen

# Julie

*Das kleine Mädchen aus dem Buch gibt es wirklich! Sie ist die Tochter der Autorin und wohnt in Wien, der Stadt der 100 Museen. Mit ihren Verwandten und Lehrern hat sie schon zahlreiche Museen besucht.*

# Die Autorin

*Nora Rath-Hodann ist Julies Mama, Autorin der Reihe JULIE GEHT INS MUSEUM und Inhaberin eines eigenen Kinderbuchverlags.*

# Die Illustratorin

*Johanna Baader übt gleich zwei spannende Berufe aus: Illustratorin und Opernsängerin!*
*Sie stammt ursprünglich aus München, hat an der Akademie der Bildenden Künste studiert und lebt seither in Wien.*

*Wir hoffen, dass dir unsere Geschichte gefallen hat!*

*Wenn du mehr über Julie erfahren möchtest, dann besuche unsere Website www.jgim-verlag.com.*

*Dort findest du den zweiten Teil unserer Geschichte, aber natürlich auch weitere Bücher: zum Beispiel über SISI (Kaiserin Elisabeth), den Maler Gustav KLIMT oder MARIA THERESIA, die berühmte Herrscherin.*

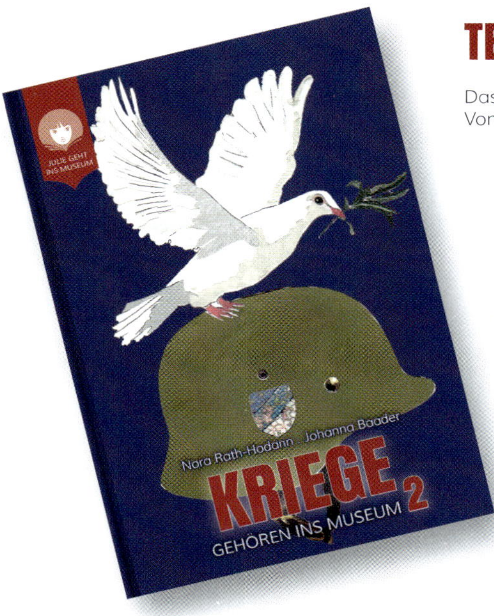


## TEIL 2

Das 20. Jahrhundert
Von der Urkatastrophe zum langen Frieden

Nora Rath-Hodann . Johanna Baader
**KRIEGE – gehören ins Museum . Teil 2**
ISBN 978-3-903307-07-0

Nora Rath-Hodann . Anemone Kloos
**SISI – erzählt für Kinder**
ISBN 978-3-9504446-1-2

Nora Rath-Hodann . Peter Diamond
**KLIMT – erzählt für Kinder**
ISBN 978-3-9504446-9-8

Nora Rath-Hodann . Nikolay Uzunov
**MARIA THERESIA – erzählt für Kinder**
ISBN 978-3-9504065-5-9